Linda Louis

Bio-Bonbons & Konfekt
Selbst gemacht!

Stocker
StV

Titel der französischen Originalausgabe:
L'atelier des bonbons Bio

F-34200 Sète, 8 rue du Parc

Text und Fotos von Linda Louis
Ausnahmen: Die Rezepte auf den Seiten 26, 40, 42 und 62 stammen aus dem Kochmagazin Kochen & Küche. Die Fotos auf den Seiten 27, 43, und 63 stammen von Andrea Jungwirth, Wien. Foto auf S. 41: © Herbert Lehmann, Wien.

Übersetzt von Christian Schweiger

Umschlaggestaltung: DSR Werbeagentur Rypka GmbH/Thomas Hofer, 8143 Dobl/Graz, www.rypka.at

Der Inhalt dieses Buches wurde von der Autorin und dem Verlag nach bestem Gewissen geprüft, eine Garantie kann jedoch nicht übernommen werden. Die juristische Haftung ist ausgeschlossen.

Bibliographische Information der Deutschen Nationalbibliothek
Die Deutsche Nationalbibliothek verzeichnet diese Publikation in der Deutschen Nationalbibliographie; detaillierte bibliographische Daten sind im Internet über http://dnb.d-nb.de abrufbar.

Auf Wunsch senden wir Ihnen gerne kostenlos unser Verlagsverzeichnis zu:
Leopold Stocker Verlag GmbH
Hofgasse 5 / Postfach 438
A-8011 Graz
Tel. +43 (0)316/821636
Fax. +43 (0)316/835612
E-Mail: stocker-verlag@stocker-verlag.com
www.stocker-verlag.com

Hinweis: Dieses Buch wurde auf chlorfrei gebleichtem Papier gedruckt. Die zum Schutz vor Verschmutzung verwendete Einschweißfolie ist aus Polyethylen chlor- und schwefelfrei hergestellt. Diese umweltfreundliche Folie verhält sich grundwasserneutral, ist voll recyclingfähig und verbrennt in Müllverbrennungsanlagen völlig ungiftig.

ISBN 978–3–7020–1361–5

Printed in Austria
Satz und Umbruch: DSR Werbeagentur Rypka GmbH, 8143 Dobl/Graz
Druck und Bindung: Druckerei Theiss GmbH, 9431 St. Stefan i. L.

BIOBONBONS & KONFEKT SELBST GEMACHT!

Übersetzt aus dem Französischen von Christian **SCHWEIGER**

Leopold Stocker Verlag
Graz – Stuttgart

Für Leckermäuler und all jene, deren Kinderseele dank Süßigkeiten bewahrt wurde.

Bonbons bedeutet übersetzt „Gutgut" ... ein treffenderes Wort kann man wohl kaum für Süßigkeiten finden. Sie stehen für Kindheit, Leckerei, Vergnügen, Geselligkeit und Teilen. Wenn Sie einen funkelnden Blick und ein strahlendes Lächeln auf das Gesicht eines Kindes zaubern wollen, dann schenken Sie ihm ein Bonbon und schauen, wie es glücklich davonläuft. Sie sind bei Freunden eingeladen? Bringen Sie eine hübsche Zusammenstellung Ihrer Bonbons mit und beobachten Sie ihren entzückten Blick. Bonbons haben die **Zauberkraft, Menschen glücklich zu machen,** und sind sie auch noch so klein. Sind sie darüber hinaus auch noch **hausgemacht mit natürlichen Zutaten** – umso besser!

Einen gemeinsamen Nenner haben alle Süßigkeiten: den **Zucker**. Wenn er auch die Mitschuld an Übergewicht und Karies trägt, so ist Zucker doch ein lebensnotwendiges Grundnahrungsmittel. Er ist gleichsam unser Brennstoff, und es wäre gefährlich, ihn sich gänzlich zu versagen. Leider hat die Lebensmittelindustrie jedoch den Zucker aus Zuckerrüben so raffiniert, dass ihm jeglicher Nährwert entzogen wurde. Daher ist **weißer Zucker für ernährungsbewusste Menschen zwangsläufig ein rotes Tuch.** Kohlenhydrate sind eine große Familie von Molekülen der verschiedensten Größen und Formen. Man kann diese keineswegs auf weißen Zucker oder Süßstoffe wie Aspartam, Xylitol, Saccharin usw. beschränken, die nachweislich schädlich sind.

Neben der Herstellung von Bonbons möchte Ihnen dieses Buch auch **die verschiedenen Formen von Zucker näher bringen, die es in Bioläden und Reformhäusern**

zu kaufen gibt. Natürlich werden die Nährstoffe am besten erhalten, wenn sie nicht verändert werden. Doch wie sollte man der Versuchung eines Bonbons widerstehen, das man zerbeißen oder auf der Zunge zergehen lassen kann? Wie halten wir der Bitte oder dem flehenden Blick von Kindern stand?
Um verlockend zu sein, müssen Süßigkeiten nicht nur bunt sein, sondern sollten auch verschiedene Geschmäcker und Konsistenzen haben. Es wäre doch nur das halbe Vergnügen, immer nur braune Lutscher zu essen. Wenn Sie Ihre Süßigkeiten selbst herstellen, können Sie die zahlreichen chemischen Zusatzstoffe vermeiden, die die Lebensmittelindustrie im Übermaß zufügt. Es gibt zahlreiche Möglichkeiten, Ihren Leckereien Pfiff zu verleihen, z. B. mit **Erdbeersirup, Matcha-Tee oder Blaubeerpulver.** Gut dosiert stimulieren **ätherische Öle und Gewürze** angenehm die Papillen, während **Agar-Agar und Tapioka** für die gewünschte Konsistenz sorgen. Auf den ersten Blick mag es kompliziert scheinen, Bonbons selbst herzustellen, doch werden Sie, bewaffnet mit einem **Zuckerthermometer und ein paar grundlegenden Küchengeräten**, bald zaubern wie ein wahrer Zuckerbäcker!

In diesem Buch sollen die verschiedensten Bonbon-Familien sowohl technisch als auch spielerisch erklärt werden: **Karamell und Zuckerguss ebenso wie Süßigkeiten aus Obst, Pflanzen, Eischnee oder Schokolade.** Ich hoffe, dass es Ihnen Lust macht, die wunderbare Welt des Zuckers, aber auch all der natürlichen Mittel zu entdecken, die industrielle Süßigkeiten ersetzen können. Also, ab an die Töpfe!

INHALT

DAS WERKZEUG DES ZUCKERBÄCKERLEHRLINGS

Um den Erfolg Ihrer hausgemachten Süßigkeiten zu garantieren, benötigen Sie ein Minimum an „Werkzeug". Wenn Sie gut damit umgehen, kann es Ihnen viele Jahre lang dienen. Die folgenden Geräte sollte jeder perfekte Zuckerbäckerlehrling besitzen:

ZUCKERTHERMOMETER

Nur wenige Grade liegen zwischen flüssigem, weichem, hartem oder brechendem Zucker. Elektronische Thermometer sind in der Regel genauer. Sie erhalten diese in Haushaltswarengeschäften oder über Internetbestellung.

ELEKTRONISCHE KÜCHENWAAGE

Noch einmal: Zuckerbäckerei ist eine recht genaue „Wissenschaft". Ein Unterschied von wenigen Gramm kann ein Rezept erheblich verändern. Für die genaue Dosierung der Zutaten sollten sie elektronisch gewogen werden (wobei für 1 ml Flüssigkeit 1 g gerechnet werden kann). So haben Sie die beste Ausgangsposition.

TÖPFE AUS ROSTFREIEM STAHL

Vermeiden Sie, Zucker in Teflontöpfen zu erhitzen. Die Bestandteile dieses undurchlässigen Stoffes sind ebenso schädlich für unsere Gesundheit wie für die Umwelt. Stahltöpfe können Ihre Kinder bedenkenlos bis zum letzten Rest ausschlecken.

FORMEN

„Klein ist in" – das gilt beim Kochen und Backen schon sein einigen Jahren. Daher wird es kaum ein Problem sein, verschiedenste kleine Formen für Ihre Bonbons und Süßigkeiten zu finden. Auch wenn sich feste Formen aus Glas, Porzellan oder anderen Materialien bestens fürs Backen eignen, können diese nicht automatisch für Süßigkeiten verwendet werden, denn es kann vorkommen, dass man die Bonbons nicht mehr aus der Form bekommt! Rechteckige Formen eignen sich für bestimmte Rezepte. In Ausnahmefällen können Sie auch elastische Silikon- oder Eiswürfelformen verwenden.

BACKPAPIER

Ohne Backpapier bleiben bestimmte Süßigkeiten wie Marshmallows oder Nougat garantiert auf dem Backblech kleben. Um das Papier in der Form oder auf dem Blech zu befestigen, eignet sich ein natürlicher Klebstoff besonders gut, und zwar der flüssige Zucker des Rezepts.

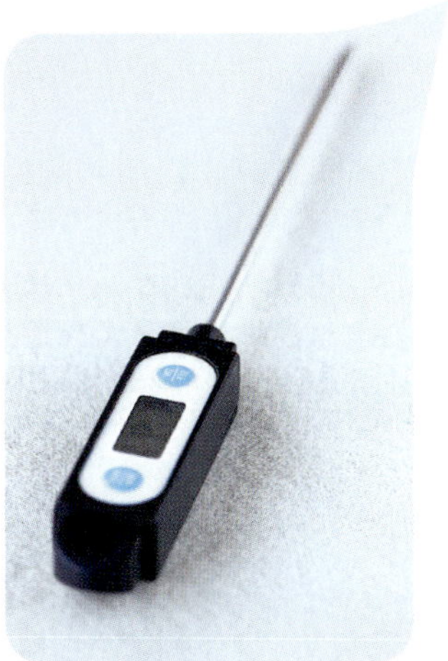

HOLZSPIESSE, SPACHTELN & SCHÜSSELN ...

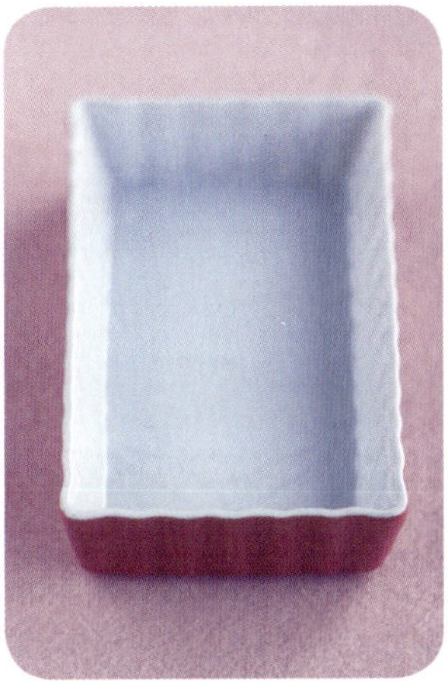

DANN NOCH EIN SCHNEEBESEN, EIN HANDMIXER & PAPIERFÖRMCHEN

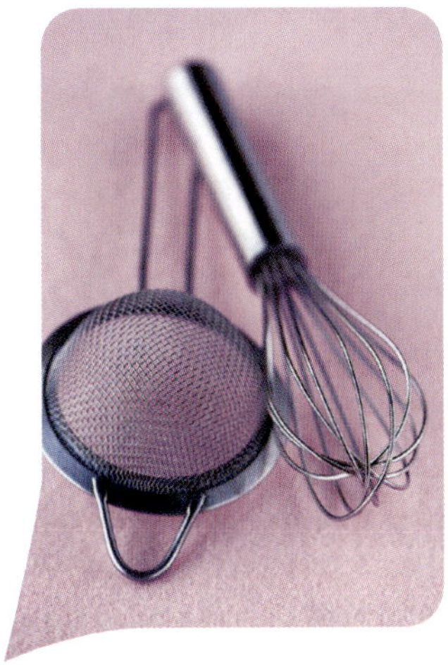

NATÜRLICHE FARBSTOFFE

Süßigkeiten sollen ja nicht nur dem Gaumen, sondern auch den Augen Freude bereiten. Deshalb spielen die Farben der Süßigkeiten eine große Rolle. Verwenden Sie natürliche Farbstoffe, wann immer das Rezept es erlaubt.

MATCHA-TEE

Dieser grüne Tee, der als Pulver verkauft wird, ist so fein wie Maisstärke und wird in der traditionellen japanischen Teezeremonie serviert. Matcha-Tee färbt überraschend intensiv und man braucht nicht viel, um ein schönes Grün zu erzielen. Ist die Teeverpackung einmal geöffnet, so sollte sie wieder gut verschlossen und im Kühlschrank aufbewahrt werden, um den kräftigen Geschmack zu bewahren.

CURCUMA

Dieses Gewürz wird aus der Wurzel eines weiten Verwandten des Ingwers gewonnen. Getrocknet und zu Pulver verarbeitet ist Curcuma ein fester Bestandteil der asiatischen und orientalischen Küche (insbesondere in Currygerichten). Die Farbintensität hängt in erster Linie von seiner Qualität ab. Er eignet sich auch zum Färben von Süßspeisen. Um das intensive Aroma abzuschwächen, wird das Pulver 1 Stunde bei 100 °C im Ofen erhitzt und dann offen trocknen gelassen.

ROTE-BETE

Der Saft Roter Bete ist ein ausgezeichnetes Färbemittel. Doch sollte er konzentriert verwendet werden, da die enthaltene Flüssigkeit eventuell das Grundrezept beeinflussen könnte. Das ist nicht besonders kompliziert. Dazu 50 ml Saft in einem großen Topf bei niedriger Flamme kochen, bis er dickflüssig wird. Dann 75 g Rohrzucker einrühren. Das Ganze ein paar Stunden an der Sonne oder auf einem Heizkörper trocknen lassen. Mit dem Standmixer oder der Küchenmaschine wieder zu Kristallen zerkleinern. Diesen Farbstoff immer erst im letzten Augenblick in Eischnee oder Zuckerguss einrühren.

BLAUBEEREN (HEIDELBEEREN)

Auch hier geht es darum, den Fruchtsaft von Blaubeeren (Heidelbeeren) zu verdicken, zu zuckern, zu trocknen und zu Kristallen zu zerkleinern (siehe oben). Das daraus gewonnen Pulver ist weinrot und färbt Zuckerwerk lila.

TOMATEN

In diesem Fall werden getrocknete Tomaten fein zermahlen. Das zinnoberrote Pulver ergibt in der Verarbeitung ein mehr oder weniger intensives Orange. Die im Handel erhältlichen, getrockneten Tomaten sind oft in Öl konserviert und können daher nicht für diesen Zweck verwendet werden. Am einfachsten ist hier, bereits fertiges Pulver zu kaufen.

KAKAO

Das aromatische Kakaopulver färbt ebenfalls stark. Je nach der zugefügten Menge erhält man beige oder braune Farbtöne.

MATCHA-TEE

CURCUMA

ROTE-BETE-ZUCKER

BLAUBEERZUCKER

TOMATENPULVER

KAKAO

NATÜRLICH SÜSSEN

In Naturkostläden gibt es zahlreiche natürliche Süßstoffe aus Zuckerrohr, Getreide oder anderen Pflanzen mit den verschiedensten Geschmäckern, Farben, Texturen und Nährstoffen. Im Gegensatz zu weißem Zucker werden diese nicht raffiniert und stecken noch voller Vitamine, Mineral- und Ballaststoffe.

VOLLROHRZUCKER (RAPADURA, MUSKOVADE, SUCANAT ...) Vollrohrzucker wird aus getrocknetem Zuckerrohrsaft gewonnen und ist weder raffiniert noch kristallisiert. Dieser sehr nahrhafte Zucker schmeckt wie brauner Karamell. Er lässt sich gut in Schokolade einarbeiten. Um festen Karamell herzustellen, wird er mit hellem Rohrzucker gemischt.

DUNKLER ROHRZUCKER Im Gegensatz zu Vollrohrzucker wird dunkler Rohrzucker leicht raffiniert und kristallisiert. Liebhaber schätzen seinen natürlichen Karamellgeschmack. Mit Rohrzucker stellt man Karamell her und zuckert Fruchtschnitten.

HELLER ROHRZUCKER Er ersetzt weißen Zucker, schmeckt neutral und ist deshalb ein unersetzlicher Bestandteil zur Herstellung von Karamell und gekochtem Zucker.

MELASSE Melasse ist der flüssige Rückstand bei der Zuckerherstellung aus Zuckerrohr und eignet sich ausgezeichnet zum Süßen von Bonbons mit Lakritze und Fruchtmus.

HONIG Die Bienen stellen diesen Rohzucker aus Blütennektar her, weshalb Honig auch mit einer ganzen Palette mehr oder weniger intensiver Geschmacksrichtungen aufwarten kann. In den meisten Rezepten wird Honig hinzugefügt, um die Kristallisierung von Rohrzucker zu verhindern.

AGAVENSIRUP Dieser aus einem mexikanischen Kaktus gewonnene Zucker bewahrt seinen angenehmen Geschmack auch trotz Kochen. Der feine Sirup eignet sich gut zur Herstellung von Karamell, wozu er mit hellem oder dunklem Rohrzucker vermischt wird.

AHORNSIRUP Im Frühling wird dieser Rohsaft einer bestimmten kanadischen Ahornart von dem Bäumen gezapft. Man sollte die feinere A-Klasse kaufen, die sich gut kochen lässt. Die Anwendungsbereiche decken sich mit denen von Agavensirup.

MAIS-, REIS- UND WEIZENSIRUP Durch ein komplexes Gärverfahren wird die Stärke der ganzen Körner in Zucker umgewandelt. Auch diese Sirup-Arten werden zur Herstellung von Karamell mit Rohrzucker gemischt. Ihr hoher Anteil an Glukose verhindert die Kristallisierung von Zucker. Da sie jedoch auch etwas Fett enthalten, eignen sie sich nicht zum Süßen von Eischnee, weil dieser durch das Fett zusammenfallen würde.

NATÜRLICHE AROMEN UND STRUKTURMITTEL

Zucker allein ist noch keine Geschmacksgarantie zur Verfeinerung von Bonbons. Unsere Sinne werden durch Aromen und angenehme Konsistenz erweckt. Manche Zutaten beeinflussen die Festigkeit oder Elastizität, andere Geschmack und auch die Farbe des Endprodukts.

ÄTHERISCHE ÖLE

Pflanzenessenzen dienen nicht nur der Aromatherapie, sondern können auch zur Herstellung von Süßigkeiten verwendet werden (immer nach dem Kochen, um den Geschmack zu erhalten, der sich leicht verflüchtigt). Zu den genießbaren ätherischen Ölen gehören z. B. Mandarine, Zitrone, Grapefruit oder Pfefferminze. Jedoch sollten gewisse Sicherheitsvorkehrungen getroffen werden, da manche ätherische Öle besonders intensiv sind und zu Vergiftungen führen können.

- Verwenden Sie keine ätherischen Öle bei der Herstellung von Bonbons für Kinder unter 6 Jahren. Schwangere oder stillende Frauen sollten sich erkundigen, ob ihnen die gewünschte Essenz gestattet ist.
- Weichen Sie nie von der in den Rezepten angeführten Dosis ab.
- Ersetzen Sie kein ätherisches Öl in einem Rezept durch ein anderes, ohne sich vorher vergewissert zu haben, dass es auch wirklich zum Verzehr geeignet ist.
- Achten Sie darauf, mit dem Gesicht nicht direkt über dem Topf zu stehen, wenn Sie die Tropfen mit dem Zuckerguss vermischen, um die ätherischen Dämpfe nicht zu inhalieren.
- Sollte ätherisches Öl in die Augen gelangen, so spülen sie diese mit neutralem Öl und nicht mit Wasser, welches sie nicht zu binden vermag.
- Waschen Sie sich nach jeder Verwendung gut die Hände.

SIRUP UND FRUCHTMUS

Beide kommen bei der Herstellung harter Bonbons (Lutscher, Pastillen usw.), aber auch bei Süßigkeiten mit Eischnee (wie Marshmallows) zur Anwendung. Diese natürlichen Geschmacksverstärker können Bonbons außerdem färben, wenn sie aus roten Beeren sind.

SAURER ZUCKER

Weiche Bonbons können auch in saurem Zucker gewälzt werden, um unseren Gaumen zu stimulieren. Verständlicherweise eignet sich Zitronensaft am besten zur Säuerung. Wie auch bei der Herstellung von färbigem Zucker mit Fruchtsäften werden dazu 50 ml Zitronensaft in einem Topf eingekocht, bevor dem Konzentrat 75 g Zucker beigefügt werden. Nachdem das Gemisch auf der Heizung oder in der Sonne getrocknet wurde, wird es wieder zu feinen Kristallen zerkleinert.

GEWÜRZE

Wenn Gewürze richtig dosiert werden, verleihen sie Bonbons mit geschmolzenem Zucker oder Schokolade einen besonderen Charakter. Kakao, Kaffee und Kaffee-Ersatz (Zichorien, Getreide, Feigen ...), Lakritze, Vanille, Tonkabohnen – Sie haben die Qual der Wahl. Gewürze werden wie ätherische Öle im letzten Moment dem kochenden Sirup hinzugefügt, damit sich ihr Geschmack beim Kochen nicht verflüchtigt.

AGAR-AGAR

In den letzten Jahren wurde dieses geruch- und geschmacklose Algenpulver unumgänglich für die Herstellung natürlicher Gelees. Es besteht aus einer gallertartigen Substanz, die in vielen Pflanzen enthalten ist und eine Alternative zu tierischer Gelatine darstellt. Vegetarier oder Menschen, die kein Fleisch essen, können so den Freuden hausgemachter Bonbons frönen, ohne dabei ihren Essprinzipien untreu zu werden. Auch wenn die Gelierkraft von Agar-Agar durchaus erstaunlich ist, so ähnelt die endgültige Konsistenz eher Fruchtschnitten als Gummibären. Um eine möglichst elastische Konsistenz zu erhalten, wird das Agar-Agar zunächst in Wasser gekocht, in den geschmolzenen Zucker eingerührt und dann auf 110 °C erhitzt (siehe Rezept der Colasternchen auf Seite 28). Höhere Temperatur lässt Karamell hart werden und zerstört die Gelierwirkung des Algenpulvers. Die Verwendung eines Zuckerthermometers ist demnach unabdinglich für das Gelingen vegetarischer Bonbons.

TAPIOKA

Aus der Maniokwurzel stellt man Stärke her, die zum Eindicken von Pudding verwendet wird. Tapioka ist im Handel in Form von Flocken oder Kügelchen erhältlich. Tapioka dient auch zur Herstellung von Fruchtgummi. In Asien wird Tapioka auch bei der Zubereitung von chinesischem Nougat verwendet. Die Perlen werden in kochendem Wasser gelöst und ergeben einen schleimigen und elastischen Brei.

Florame
Huile Essentielle
Biologique
Organic Essential Oil
MENTHE DES CHAMPS
WILD MINT
AB

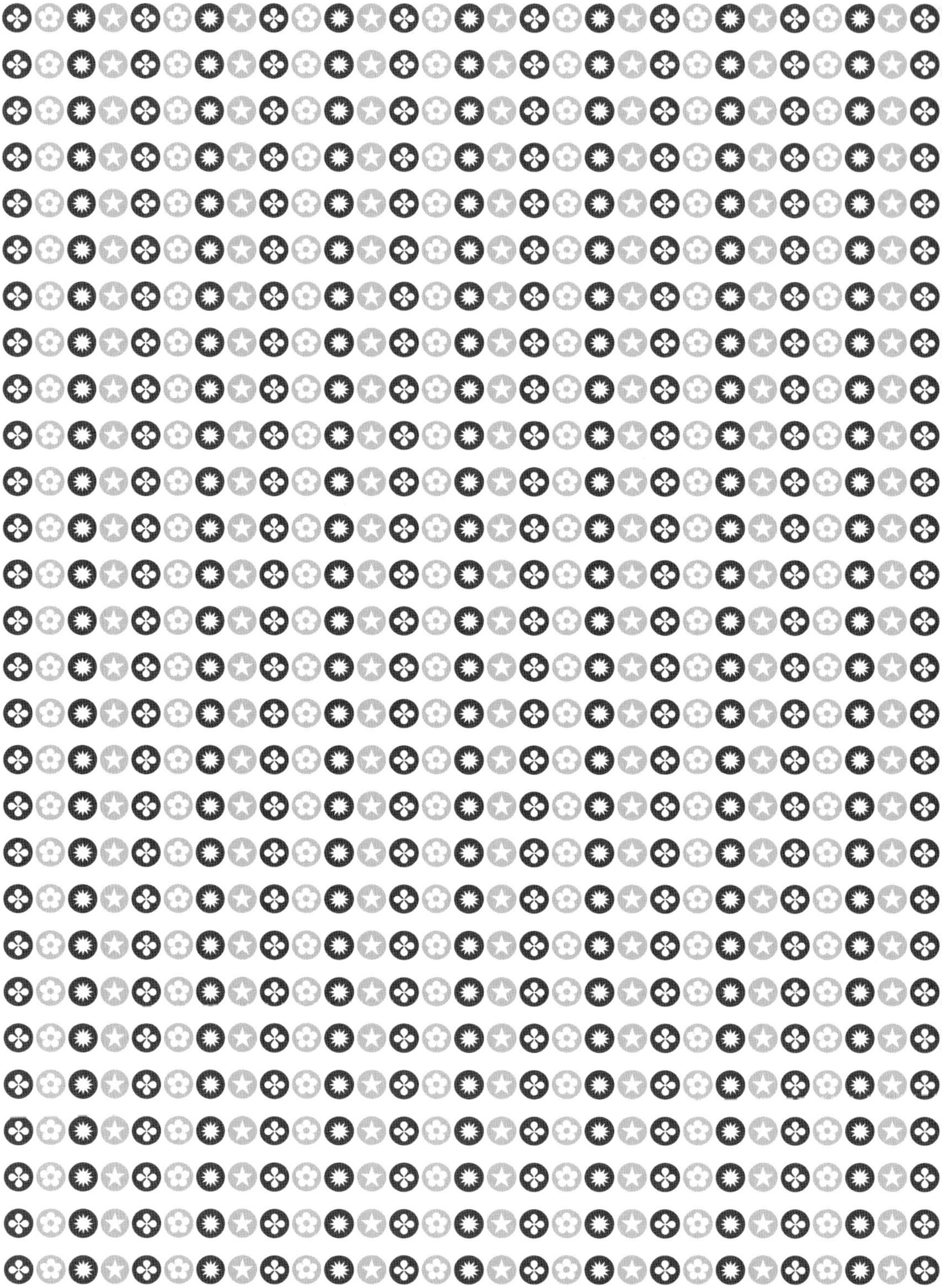

BONBONS MIT GEKOCHTEM ZUCKER UND KARAMELL

ERDBEER LUTSCHER

MATERIAL
- 12 Teelichter
- 12 Holzspieße von etwa 8 cm Länge
- 1 Kochtopf
- 1 Zuckerthermometer
- Backpapier

Wer ist noch nie der Versuchung erlegen, einen Lutscher zu kaufen? Für Kinder ist diese Kleinigkeit immer noch eine schöne Belohnung, die Kinderaugen zum Strahlen bringt. Zum Selbermachen können Sie Teelicht-Schälchen als Form verwenden.

VORBEREITEN DER FORMEN

Teelicht-Kerzen aus den Aluschalen nehmen.

Die Aluschalen mit heißem Seifenwasser säubern und trocknen. Einen Schlitz von 5 mm Höhe und 2 mm Breite in die Seitenwand schneiden, so dass etwa 2 bis 3 mm unterhalb des Schlitzes bleiben (damit der flüssige Zucker nicht aus den Schälchen rinnt). Die Stiele mittig in die Formen stecken.

ZUCKER KOCHEN

Erdbeersirup mit dem hellen Rohrzucker, Wasser und Maissirup mischen und langsam auf 143 °C erhitzen. Sobald die Temperatur erreicht ist, mit dem Zitronensaft abkühlen und gut mischen. Die flüssige Zuckermischung in die Formen gießen und dabei die Stiele gut in der Mitte halten. 15 Minuten abkühlen lassen. Aus den Formen stürzen und in Backpapier einwickeln.

Solche Lutscher können 15 Tage aufbewahrt werden.

VARIANTE

Versuchen Sie eine Version mit Zitrusfrüchten, indem Sie den Erdbeersirup durch 50 ml Zitronen-, Mandarinen- oder Grapefruitsaft ersetzen. In diesem Fall wird kein Wasser mehr hinzugefügt. Nach dem Erhitzen werden noch 3 Tropfen ätherisches Zitrusöl hinzugefügt und gut vermischt.

ZUTATEN FÜR 12 LUTSCHER
- 60 g Erdbeersirup
- 150 g heller Rohrzucker
- 40 ml Wasser
- 20 g (1 Esslöffel) Mais- oder Reissirup oder Akazienhonig
- 1 Teelöffel Zitronensaft

LAKRITZHÖLZER

MATERIAL
- 1 Kochtopf
- 1 Zuckerthermometer
- 40 Zahnstocher

Zur Zeit, als die chemische Lebensmittelindustrie noch in ihren Kinderschuhen steckte, kaufte man Kindern noch Lakritzwurzeln in der Apotheke. Dieses Rezept geht auf diese alte Tradition zurück und zeigt, wie wir Karamell aus Melasse und Lakritzpulver herstellen können. Dazu genügt es, eine getrocknete Lakritzwurzel wie einen Bleistift zu spitzen und diese Späne dann fein zu zerhacken. Dieses Lakritzmehl wird schließlich gesiebt.

HERSTELLUNG VON LAKRITZKARAMELL

Melasse, hellen Rohrzucker und Wasser in einem kleinen Topf mischen und auf 145 °C erhitzen. Das Lakritzpulver einrühren. Vom Herd nehmen und Zitronensaft hinzufügen.

HÖLZCHEN DREHEN

Zahnstocher in den heißen Karamell tauchen und einige Male drehen. Diese Lakritzhölzer halten sich eine Woche in einer luftdichten Dose.

HINWEIS

Wenn Sie nicht alle Hölzchen drehen konnten, weil der Karamell kalt und hart wurde, genügt es, die Mischung wieder bei geringer Hitze zu erwärmen.

ZUTATEN FÜR 40 LUTSCHER
- 75 g Melasse
- 25 g heller Rohrzucker
- 25 ml Wasser
- 1 Esslöffel Lakritzpulver
- einige Tropfen Zitronensaft

PROPOLIS-HONIG-BONBONS

MATERIAL
- 1 Kochtopf
- 1 Zuckerthermometer
- 1 weiche Eiswürfelform

In der kalten Jahreszeit sind diese Gesundheitsbonbons die besten Verbündeten gegen Halsweh. Bienen stellen Propolis aus harzigen Substanzen von Blütenknospen und Wunden verschiedener Bäume her, die mit Wachs, Pollenanteilen, ätherischen Ölen aus Blütenknospen und Speichelsekret angereichert werden, um Löcher im Bienenstock zu verkitten und gegen das Eindringen von Schädlingen zu schützen. Diese außergewöhnliche Substanz stärkt das Immunsystem.

ZUCKER KOCHEN

Honig, hellen Rohrzucker und Wasser in einem kleinen Topf mischen und langsam auf 145 °C erhitzen. Vom Herd nehmen und Zitronensaft hinzufügen. 1 Minute abkühlen lassen und Propolis einrühren.

FORMEN

Den flüssigen Karamell vorsichtig in die Mulden der Eiswürfelform gießen und 15 Minuten abkühlen lassen. Aus der Form pressen und in Küchenfolie oder Backpapier einwickeln. Diese Hustenbonbons sind luftdicht verpackt etwa einen Monat haltbar.

VARIANTE

Nach dem Kochen kann man 4 Tropfen ätherisches Zitronenöl hinzufügen, welches ebenfalls ein gutes Mittel gegen Halsschmerzen ist.

ZUTATEN FÜR 30 BONBONS
- 100 g Honig
- 50 g heller Rohrzucker
- 50 ml Wasser
- 1 Teelöffel Zitronensaft
- 10 g flüssiges Propolis

MINZBONBONS

MATERIAL
- 1 Kochtopf
- 1 Zuckerthermometer
- 1 elastische Form mit mehreren Kleinformen (hier Herzchen)

Diesem Rezept mit gekochtem Zucker werden im letzten Moment einige Tropfen ätherisches Pfefferminzöl hinzugefügt, um dessen therapeutische Wirkung zu erhalten. Der Matcha-Tee verleiht dem Karamell eine schöne grüne Farbe und ein zusätzliches Aroma.

ZUCKER KOCHEN

Honig, hellen Rohrzucker, Matcha-Tee und Wasser in einem Topf mischen und langsam auf 145 °C erhitzen. Vom Herd nehmen und Zitronensaft hinzufügen. 1 Minute abkühlen lassen und das ätherische Pfefferminzöl einrühren. Beim Abmischen das Gesicht möglichst weit vom Topf halten, um sich vor den ätherischen Dämpfen zu schützen, die in den Augen brennen könnten.

FORMEN

Den flüssigen Karamell vorsichtig in die Mulden der Form gießen und 15 Minuten abkühlen lassen. Aus der Form pressen und in Küchenfolie oder Backpapier einwickeln. Diese Hustenbonbons sind luftdicht verpackt etwa einen Monat haltbar.

VARIANTE

Ätherisches Pfefferminzöl ist nicht für Kinder unter 6 Jahren und für schwangere Frauen geeignet und kann durch ätherisches Zitronen- oder Bergamotteöl ersetzt werden (siehe Seite 13).

ZUTATEN FÜR 30 BONBONS
- 50 g Honig
- 150 g heller Rohrzucker
- 1 TL Matcha-Tee
- 50 ml Wasser
- 1 Teelöffel Zitronensaft
- 5 Tropfen ätherisches Pfefferminzöl

Florame
Huile Essentielle
Biologique
Organic Essential Oil
MENTHE DES CHAMPS
Mentha
arvensis
WILD MINT
0.34fl.oz
AB

BIO-GUMMIBÄRCHEN

MATERIAL
- 1 Schüssel
- 2 Kochtöpfe
- Schöpflöffel
- möglichst kleine Pralinenformen (z. B. Einsätze von Pralinenschachteln) oder Silikonform mit möglichst kleinen Mulden

Gummibärchen gehören wohl zu den beliebtesten Naschereien für Kinder. Als Alternative können Sie für Ihre Kinder diese Süßigkeit ganz leicht selbst machen: Bio-Bärchen ohne Konservierungsmittel oder künstliche Farbstoffe gemeinsam mit den Kindern herzustellen, macht noch dazu riesigen Spaß! Sollten Sie keine passenden kleinen Pralinen- oder Silikonformen besitzen, können Sie die flüssige Masse einfach auf ein mit Klarsichtfolie ausgelegtes Backblech gießen (ca. 1,5 cm dick) und nach dem Erstarren daraus mit möglichst kleinen Ausstechern Formen ausstechen.

VORBEREITEN DER AGAR-AGAR-MASSE

Agar-Agar mit 100 ml Wasser in einer kleinen Schüssel verrühren und 15 Minuten quellen lassen. Dann im Wasserbad langsam schmelzen (nicht kochen!).

SIRUP, WASSER UND AGAR-AGAR VERMISCHEN

60 ml Wasser mit Zucker verrühren und aufkochen, Topf von der Platte nehmen. Sirup (oder Honig-Wasser-Gemisch) unterrühren. Anschließend die Agar-Agar-Masse und Weinsäure (oder Zitronensaft) zugießen, falls gewünscht Farbstoff dazugeben und kräftig verrühren. Nun die ganze Masse 5–10 Minuten bei sehr niedriger Temperatur zum Rasten warm halten (nicht kochen!). Danach den Schaum von der Oberfläche abschöpfen.

EINFÜLLEN IN DIE FORMEN

Masse löffelweise in kleine (!) Pralinen- oder Silikonformen füllen und einige Stunden an einem kühlen Ort stehen lassen.

ZUTATEN FÜR CA. 500 G GUMMIBÄRCHEN

- 65 g Agar Agar
- 100 ml Wasser
- 60 ml Wasser
- 200 g Zucker
- 200 ml beliebiger Sirup (oder 150 g flüssiger Akazienhonig und 75 ml Wasser)
- 10 ml Weinsäure (oder 2 EL Zitronensaft)
- beliebige natürliche Farbstoffe (falls gewünscht), siehe Seite 10

WEICHE COLASTERNCHEN

MATERIAL
- 1 elastische Form mit mehreren Kleinformen (hier Sternchen)
- 1 Backpinsel
- 1 kleiner und 1 mittelgroßer Kochtopf
- 1 Schneebesen
- 1 Zuckerthermometer
- Backpapier

Auf den ersten Blick scheint es nicht einfach zu sein, den Geschmack des berühmten amerikanischen Getränks in einem Bonbon zu imitieren. Kocht man verschiedene Zuckersorten und mischt sie mit Zichorienpulver, kommt man dem wirklichen Geschmack jedoch erstaunlich nahe. Ein bisschen saurer Zucker und Agar-Agar für die Gummitextur, und die sweets made in USA sind im Handumdrehen hausgemacht.

VORBEREITEN DER FORM

Form mit dem Pinsel mit etwas Sonnenblumenöl einfetten.

ZUCKER KOCHEN

Hellen Rohrzucker, Vollrohrzucker, Zichorienpulver und 50 ml Wasser in einem Topf mischen und langsam auf 120 °C erhitzen.

HERSTELLUNG DES GELIERMITTELS

Agar-Agar und Maissirup (oder Honig) in den übrigen 50 ml Wasser anrühren. Langsam auf kleiner Flamme erhitzen und regelmäßig umrühren. 30 Sekunden aufwallen lassen und vom Herd nehmen.

ZUBEREITUNG DES KARAMELLS

Das gelöste Geliermittel unverzüglich mit dem geschmolzenen Zucker vermischen und auf 112 °C erhitzen. Mit Zitronensaft löschen und vom Herd nehmen. Das flüssige Gelee in die Formen gießen und 1 Stunde erkalten lassen. Wenn Sie es eilig haben, genügen auch 15 Minuten im Gefrierfach.

BONBONS IN SAUREM ZUCKER WÄLZEN

Die Bonbons aus der Form auf Backpapier stürzen und etwa 2 Stunden trocknen lassen, bevor sie in saurem Zucker gewälzt werden. Diese Bonbons können 2 Wochen in Backpapier aufbewahrt werden.

VARIANTE

Das Zichorienpulver kann auch durch 50 ml Fruchtsirup ersetzt werden.

ZUTATEN FÜR 25 BONBONS

- etwas Sonnenblumenöl
- 100 g heller Rohrzucker
- 50 g Vollrohrzucker
- 1 Esslöffel Zichorienpulver oder anderer Kaffee-Ersatz
- 100 ml Wasser
- 1 Esslöffel Agar-Agar
- 50 g Maissirup (oder Honig)
- ein paar Tropfen Zitronensaft
- saurer Zucker (siehe Seite 13)

WEICHE KARAMELLEN

MATERIAL
- 1 rechteckiges Backblech
- Backpapier
- 1 großer und 1 kleiner Kochtopf
- 1 Zuckerthermometer
- 1 Messer

Diese weichen und cremigen Karamellen entfalten ihr Aroma, wenn sie angenehm auf der Zunge zergehen. Die Würfel sollte man im Kühlschrank aufbewahren, damit sie ihre viereckige Form behalten. Werden sie gefroren serviert, überraschen sie unseren Gaumen mit einer kühlen Welle, die langsam in die süße Geschmeidigkeit des Karamells übergeht.

VORBEREITEN DES BACKBLECHS

Ein rechteckiges Backblech mit Backpapier auslegen.

ZUCKER KOCHEN

Honig, Rohrzucker und Butter in einem Topf mischen und langsam auf 145 °C erhitzen. Die Sojacreme im zweiten Topf zum Kochen bringen. Beides vom Herd nehmen und die kochende Creme ins Karamell mischen und energisch umrühren. Sofort wieder auf den Herd stellen und auf 125 °C erhitzen.

KARAMELLEN FORMEN

Den flüssigen Karamell vorsichtig auf das Backblech gießen, glatt streichen, abkühlen lassen und 12 Stunden in den Kühlschrank stellen, danach den Karamell auf Backpapier stürzen und in kleine Quadrate schneiden. Eine Stunde im Kühlschrank kühl stellen, bevor sie in Backpapier eingewickelt werden, damit sie nicht zusammenkleben. Diese Karamellen können 2 Wochen im Kühlschrank aufbewahrt werden.

TIPP

Geben Sie 1–2 Messerspitzen Salz in den noch heißen, flüssigen Karamell.

ZUTATEN FÜR 60 KARAMELLEN
- 150 g Honig
- 375 g dunkler Rohrzucker
- 20 g Butter
- 220 ml Sojacreme

KARAMELL-MUSCHELN

MATERIAL
- 15 Muscheln (Venusmuscheln, Napfschnecken, Herzmuscheln usw.)
- 1 großer und 1 kleiner Kochtopf
- 1 Zuckerthermometer

Kinder sammeln im Sommer gerne Muscheln am Strand und heben sie als Andenken auf. Wir können diese Erinnerungen noch etwas versüßen. Um das Kristallisieren zu vermeiden, darf nicht an Honig oder anderen Zuckerarten mit viel Glukose gespart werden. Noch eine letzte Empfehlung: Achten Sie darauf, keine Muscheln mit scharfem Rand zu verwenden, die die Zunge verletzen könnten.

VORBEREITEN DER MUSCHELN

Muscheln mit einer Mischung aus Seifenwasser und Backpulver waschen und bürsten. Einen Topf Essigwasser zum Kochen bringen und die Muscheln 5 Minuten darin abkochen. Abtropfen und umgedreht auf einem Küchentuch trocknen lassen.

HERSTELLUNG DES KARAMELLS

Dunklen Rohrzucker, Honig und Wasser in einem Topf mischen und langsam auf 145 °C erhitzen. Vom Herd nehmen und die Salzbutter einrühren. Den flüssigen Karamell in die Muscheln gießen und abkühlen lassen. Diese Karamellmuscheln können 3 Wochen in einem geschlossenen Gefäß aufbewahrt werden.

TIPP

Die Salzbutter kann auch durch Sojacreme oder Cashew-Nusscreme mit etwas Salz ersetzt werden.

ZUTATEN FÜR 15 KARAMELLMUSCHELN
- 100 g dunkler Rohrzucker
- 20 g Honig (oder Maissirup)
- 25 ml Wasser
- 15 g gesalzene Butter

ZUM REINIGEN DER MUSCHELN
- 1 Esslöffel Backpulver
- 50 ml Haushaltsessig

BANANEN-KARAMELLEN

MATERIAL
- 1 rechteckiges Backblech
- Backpapier
- Pinsel
- 1 Kochtopf
- 1 Zuckerthermometer
- 1 Schere

In Frankreich gibt es feine Karamellstangen, verpackt in leuchtend gelbem Papier, auf dessen Innenseite Witze stehen. Karamellbananen sind eine Leckerei mit einem direkten und unverfälschten Geschmack. Um den französischen Stangen gerecht zu werden, können Ihre Kinder auch Witze auf das Backpapier, in dem die Stangen verpackt werden, schreiben.

VORBEREITEN DES BACKBLECHS

Ein rechteckiges Backblech mit Backpapier auslegen und mit dem Pinsel mit Sonnenblumenöl bestreichen.

VORBEREITEN DER BANANEN

Bananen schälen, in Scheiben schneiden und mixen.

HERSTELLUNG DES KARAMELLS

Bananenmus, Zucker und Honig in einem Topf mischen und auf 130 °C erhitzen. Vom Herd nehmen und Zitronensaft zugeben. Auf das Backblech gießen, glatt streichen und abkühlen lassen, danach 1 Stunde in den Kühlschrank stellen.

FORMEN DER STÄBCHEN

Den Karamellblock auf Backpapier legen und mit einer Schere in lange Stücke schneiden. Mit öligen Händen zu Würstchen drehen. In Backpapier einwickeln, damit sie nicht zusammenkleben (was bei Küchenfolie der Fall wäre). Diese Karamellbananen können 2 Wochen im Kühlschrank aufbewahrt werden.

ZUTATEN FÜR 20 KARAMELLBANANEN
- etwas Sonnenblumenöl
- 200 g gut reife Bananen
- 100 g Vollrohrzucker
- 50 g dunkler Rohrzucker
- 50 g Honig
- 1 Teelöffel Zitronensaft

BÄRENHAPPEN

MATERIAL
- 2 Kochtöpfe mit Deckel
- 2 Suppenschüsseln
- 1 Messer
- 1 Pfanne
- 1 Zuckerthermometer
- 20 Silikonbackformen mit kleinen Vertiefungen
- Backpapier
- 20 Zahnstocher

Vielleicht haben Sie aufgrund des Rezept-Titels schon erraten, dass dies ein kanadisches Rezept ist. Diese kleinen Häppchen aus in Ahornsirup karamellisierten und mit Schokolade überzogenen Popcornstücken und Pekannüssen sind unwiderstehlich.

VORBEREITEN DES POPCORNS

Öl bei mittlerer Hitze in einer Pfanne erwärmen. Popcornmais mit einem Holzlöffel einrühren und Hitze erhöhen. Weiter umrühren, bis das erste Maiskorn aufgeplatzt ist. Zudecken und regelmäßig schütteln, bis kein „pop" mehr zu hören ist. Das aufgeplatzte Popcorn in eine große Schüssel leeren (die nicht geplatzten Maiskörner entfernen).

VORBEREITEN DER PEKANNÜSSE

Pekannüsse mit dem Messer zerkleinern (nicht mit dem Standmixer, der sie zu fein mahlen würde). Nüsse leicht in einer beschichteten Pfanne ohne Fett rösten und mit dem Popcorn vermischen.

ZUBEREITUNG DES KARAMELLS

Ahornsirup und hellen Rohrzucker in einem Topf vermischen und bei mittlerer Hitze auf 150 °C erhitzen. Mit Zitronensaft löschen, vom Herd nehmen, über das Popcorn-Pekannuss-Gemisch gießen und gut umrühren. Die Masse fest in die Vertiefungen der Silikonform drücken und abkühlen lassen.

HERSTELLUNG DES SCHOKOLADEÜBERZUGS

Schokolade bei schwacher Hitze im Wasserbad erhitzen und warm halten. Inzwischen Backpapier auf ein Kuchenblech legen. Die Popcornhappen aus der Form stürzen und auf Zahnstocher spießen, dann einzeln in die flüssige Schokolade tauchen. Auf einem Gitterrost gut abtropfen lassen und eine Stunde im Kühlschrank kühlen. Diese Happen können eine Woche gelagert werden.

VARIANTE

Für die peruanische Version „Kondorhappen" wird Quinoa gepufft und mit Yacónsirup (Erdbirne) vermischt. Die indischen „Tigerhappen" macht man mit Puffreis und Cashew-Nüssen.

ZUTATEN FÜR 20 HAPPEN

- 1 Teelöffel Sonnenblumenöl
- 30 g Popcornmais
- 50 g Pekannüsse
- 75 g Ahornsirup
- 50 g heller Rohrzucker
- 1 Teelöffel Zitronensaft
- 150 g Milchschokolade

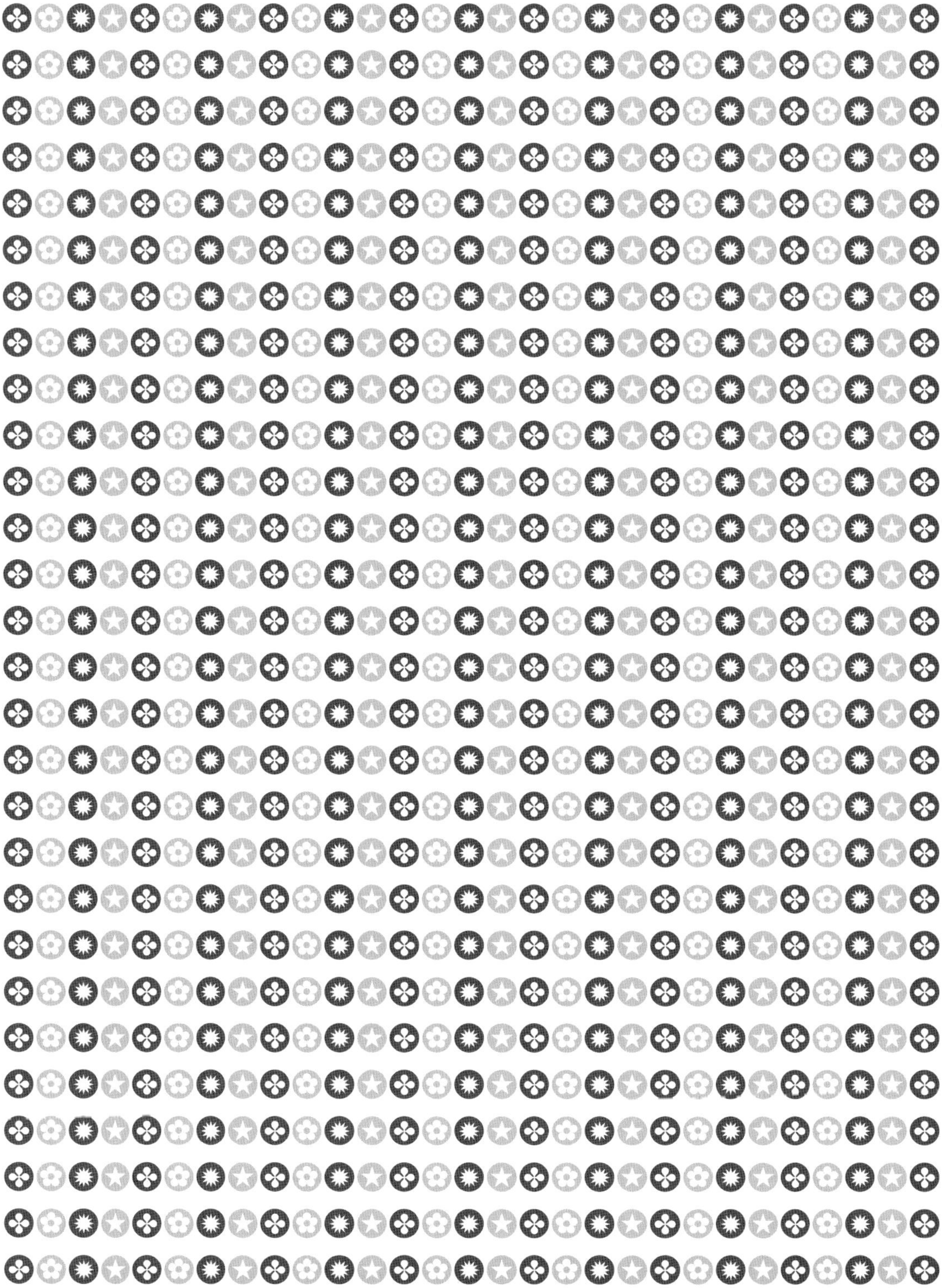

OBST- UND BLÜTEN-BONBONS

QUITTENGELEE-BONBONS

MATERIAL
- 1 Topf
- 1 Schaumlöffel
- 1 Flotte Lotte oder 1 Sieb zum Passieren
- 1 spitzes Messer
- 1 Backblech
- 1 Palette
- eventuell kleine Ausstecher in beliebigen Formen

Gelee-Bonbons sind einfach herzustellen und äußerst variantenreich! Mit vielen anderen Früchten können Sie nach diesem Rezept alle erdenklichen Arten von diesen „Fruchtgummis“ herstellen – ganz nach Ihren persönlichen Vorlieben.

VORBEREITUNG DER QUITTEN

Die Quitten waschen und in Stücke schneiden. In einem geeigneten Topf 4 Liter Wasser mit dem Zitronensaft aufkochen. Quitten darin etwa 30 Minuten weich kochen. Die Quitten mit dem Schaumlöffel aus dem Topf heben und pürieren (am besten mit einer Flotten Lotte oder durch ein Sieb passieren).

MIT ZUCKER UND GEWÜRZEN AUFKOCHEN

Etwa 500 ml Kochsud unterrühren und die Masse wiegen. Pro Kilo Quittenmasse 800 Gramm Kristallzucker dazugeben. Die Vanilleschoten längs aufschneiden, mit einem spitzen Messer das Mark herauskratzen und zusammen mit dem Ingwer unter die Quitten-Zucker-Masse rühren. Aufkochen und unter ständigem Rühren bei kleiner Hitze so lange köcheln, bis die Masse leicht rosa ist (je länger die Masse köchelt, desto besser, sie stockt nach langer Kochzeit schneller).

FERTIGSTELLUNG

Ein Backblech mit kaltem Wasser befeuchten und die Masse mit einer Palette fingerdick daraufstreichen. In einem warmen Raum einige Tage trocknen lassen, bis die Masse fest ist.

Das Quittengelee in Würfel schneiden oder mit kleinen Ausstechern in beliebiger Form ausstechen und in einem dicht verschlossenen Behältnis (z.B. einer Dose) kühl aufbewahren.

Nach Belieben in Gelierzucker wälzen.

ZUTATEN FÜR 1 BACKBLECH (CA. 70–100 STÜCK, JE NACH GRÖSSE)

- 2 kg reife Quitten
- 4 l Wasser
- Saft von 2 Zitronen
- Kristallzucker zum Gelieren (800 g je kg Quittenmasse)
- 2 Vanilleschoten
- 1 EL Ingwer, fein gerieben
- Gelierzucker zum Wälzen

APFELKONFEKT

MATERIAL
- 1 Topf
- 1 Kochlöffel
- eventuell 1 Mixstab
- 1 Backblech
- 1 Palette
- 1 Messer oder eventuell kleine Ausstecher in beliebigen Formen

Ähnlich wie die Quittengelee-Bonbons wird Apfelkonfekt auf einem Blech getrocknet und dann in Stücke geschnitten bzw. ausgestochen. Einfach und köstlich!

VORBEREITUNG DER ÄPFEL

Äpfel schälen, entkernen und in kleine Stücke schneiden, die Äpfel sollen geschält und entkernt 1 kg Frucht ergeben. Die Apfelstücke in einem geeigneten Topf mit 1/8 l Weißwein zustellen und unter ständigem Umrühren so lange kochen, bis sie zerfallen, wenn nötig, mit einem Mixstab pürieren. Danach den Fruchtbrei mit Zucker, Zitronensaft, geriebener Zitronenschale und Vanillemark kochen, bis die Masse sehr dick eingekocht ist.

TROCKNEN IM OFEN UND IN STÜCKE SCHNEIDEN

Ein Backblech mit Öl befetten und das Mus ca. 2 cm dick mit einer Palette aufstreichen, im Backrohr bei milder Hitze (ca. 40 °C) oder an einem warmen, luftigen Ort trocknen lassen, bis die Masse fest ist und sich schneiden lässt. Danach das Apfelkonfekt aufschneiden oder Formen ausstechen und diese in Zucker wälzen. Dieses Konfekt soll an einem kühlen Ort aufbewahrt werden.

ZUTATEN FÜR 1 BACKBLECH (CA. 70–100 STÜCK, JE NACH GRÖSSE)
- 1,2 kg Äpfel
- 1/8 l Weißwein
- 1 kg Gelierzucker
- Saft von 1 Zitrone
- geriebene Schale von 1/2 Zitrone (unbehandelt)
- Mark von 1 Vanilleschote
- Öl für das Blech
- Zucker zum Wälzen

KIRSCH-MARSH-MALLOWS

MATERIAL
- 1 Handmixer
- 1 großer und 2 kleine Kochtöpfe
- 2 Suppenschüsseln
- 1 Zuckerthermometer
- 1 Schneebesen
- 1 Küchenmaschine
- 1 rechteckige Form
- Backpapier
- 1 breites Messer
- 1 Sieb

Diese Marshmallows sind so fein und weich, dass man ihnen nur schwer widerstehen kann! Jede einzelne Zutat zählt in diesem natürlichen Rezept: Arrow Root (Pfeilwurzelmehl) versteift den Eischnee, die Glukose des Honigs verhindert die Zuckerkristallisierung, das Tapioka verleiht die Elastizität und das Agar-Agar fixiert die Baisermasse. Der Geschmack von Kirschsirup schließlich verleiht das gewisse Etwas.

VORBEREITEN DER BAISERMASSE

Eiweiß mit einer Prise Salz und einem Teelöffel Arrow Root langsam steif schlagen. Die Geschwindigkeit des Mixers zunehmend erhöhen. Den Rohrzucker einrühren, wenn das Gemisch schaumig wird. Weiterschlagen, bis sich das Volumen verdoppelt hat

HERSTELLEN DES GESCHMOLZENEN ZUCKERS

Währenddessen Rohrzucker, Honig und Wasser bei mittlerer Hitze auf 125 °C erhitzen. Dieses Gemisch langsam in den Eischnee rühren (während des Schlagens – dazu bedient man sich entweder einer Küchenmaschine oder bittet jemanden um Hilfe).

VORBEREITEN DES GELIERMITTELS UND FÄRBEN DER MARSHMALLOWS

Tapioka mit 125 ml Wasser in einem kleinen Topf vermischen und langsam und unter ständigem Umrühren bei niedriger Hitze erwärmen. Mixen, wenn die Perlen durchsichtig werden. Das Gemisch sofort in den Eischnee einrühren, der weiterhin geschlagen wird. Agar-Agar mit 125 ml Wasser in einem kleinen Topf verrühren und langsam erwärmen. 30 Sekunden aufkochen lassen, vom Herd nehmen und sofort in den Eischnee schlagen, bis das Gemisch lauwarm ist. Erst am Ende wird der Kirschsirup hinzugefügt.

ZUTATEN FÜR 60 MARSHMALLOWS

Für die Baisermasse
- 3 Eiweiß in Zimmertemperatur
- 1 Prise Salz
- 1 gestrichener Teelöffel Arrow Root (Pfeilwurzelmehl) oder Maisstärke
- 1 Esslöffel heller Rohrzucker
- 60 g Kirschsirup

Für den geschmolzenen Zucker
- 300 g hellen Rohrzucker
- 30 g neutraler Honig (Akazien)
- 100 ml Wasser

Für die Gelatine
- 1 Esslöffel Tapioka
- 250 ml Wasser
- 4 Teelöffel Agar-Agar-Pulver (5 g)

Zum Bestauben
- 80 g Puderzucker
- 30 g Arrow Root oder Maisstärke

MARSHMALLOWS FORMEN UND TROCKNEN

Das lauwarme Gemisch in der mit Backpapier ausgelegten Form verteilen und die Oberfläche mit einer Spachtel glätten.

4 Stunden trocknen lassen. In Würfel schneiden und mit etwas Abstand auf ein Backblech mit Backpapier legen. 48 Stunden trocknen lassen. Puderzucker und Arrow Root mischen und über die Marshmallows sieben. Die Marshmallows können 15 Tage in Papiersäcken aufbewahrt werden.

VARIANTE

Dieses Rezept kann in verschiedensten Farben hergestellt werden (zu den natürlichen Farbstoffen siehe Seite 10). Von Pulver aus Tomaten oder getrockneten Erdbeeren über Matcha-Tee, Schokoladestückchen, Curcuma oder Zitronenschalen sind Ihrer Fantasie keine Grenzen gesetzt. Statt mit Puderzucker kann man die Marshmallows auch mit gemahlenen Haselnüssen, Kokosflocken oder geriebener Schokolade bestauben. Ein Punkt sollte aber immer berücksichtigt werden: Nie ätherische Öle zum Parfümieren von Marshmallows verwenden, da sie den Eischnee zusammenfallen lassen.

APFELCHIPS

MATERIAL
- Apfelschneider oder Küchenhobel
- 2 Backbleche
- Backpapier

Endlich einmal Chips ohne jegliche Komplexe essen können! Denn Apfelchips müssen nicht in Öl frittiert werden, sondern können einfach im Ofen getrocknet werden. Um Zeit zu sparen und ein besonders knackiges Ergebnis zu erzielen, werden die Äpfel mit einem Küchenhobel in feine Scheiben geschnitten. Dieses Rezept kann ebenso auf anderes Obst wie Erdbeeren, Ananas, Aprikosen, Pfirsiche, Kiwi usw. angewandt werden.

VORBEREITEN DER SCHEIBEN

Den Ofen auf 100 °C vorheizen. Äpfel schälen und in feine Scheiben schneiden oder hobeln.

ÄPFEL TROCKNEN

Die Apfelscheiben auf ein Backblech mit Backpapier legen, ohne dass sie einander berühren. 75 Minuten auf jeder Seite trocknen lassen.

HINWEIS

Apfelchips können bis zu 3 Wochen in Papiertüten aufbewahrt werden. Sollten sie weich werden, genügt es, sie ein paar Minuten im Ofen nachzutrocknen.

ZUTATEN FÜR CA. 30 APFELCHIPS
- 3 kleine, feste Äpfel

ZUCKERBLÜTEN

MATERIAL
- Backpapier
- 1 Backblech
- 1 Schüssel
- 1 Gabel
- 1 Küchenpinsel

Die Zubereitung dieser Kristallblüten ist zwar ein Kinderspiel, dennoch sollen die Grundregeln bei der Verwendung von Wildpflanzen nicht außer Acht gelassen werden. Sammeln Sie nur Blumen, die Sie kennen und von denen Sie sicher wissen, dass sie essbar sind, um jede Vergiftungsgefahr auszuschließen. Sammeln Sie die Blüten an unverschmutzten Stellen am späten Vormittag, wenn sie am stärksten duften. In Eiweiß und Zucker getaucht, werden diese Blüten Ihnen vor Augen führen, mit welch feinen Aromen Mutter Natur aufzuwarten hat.

BLUMEN SÄUBERN

Die Blüten vorsichtig schütteln, um eventuelle Insekten zu entfernen. Beschädigte Blumen oder Blütenblätter beseitigen. Backblech mit Backpapier auslegen.

HERSTELLEN DES ÜBERZUGS

Eiweiß in einer Schüssel luftig (aber nicht zu Schnee) schlagen und die Blumen mit einem Pinsel damit bestreichen. Dann in Zucker wälzen.

BLÜTEN TROCKNEN

Die kristallisierten Blüten auf einem Backblech bei Zimmertemperatur trocknen lassen, bis sie hart werden. Diese Zuckerblüten können 1 Monat lang gelagert werden. Je schneller sie jedoch genossen werden, desto intensiver ist ihr Aroma.

VARIANTEN

Beginnen Sie Ihre Versuche mit den angegebenen Blumen. Auch wenn Lavendel gern in einigen anderen süßen Rezepten zur Verwendung kommt, so eignet er sich z. B. überhaupt nicht zum Kristallisieren.

ZUTATEN FÜR 70 G KRISTALLBLÜTEN
- 10 g Blumen oder große Blütenblätter (Veilchen, Rosen, Himmelschlüssel, Borretsch, Kapuzinerkresse …)
- 1 Eiweiß
- heller Rohrzucker

GLASIERTE ÄPFEL

MATERIAL

- 8 relativ starke Holzspieße
- 1 Kochtopf
- 1 Zuckerthermometer
- 1 Backblech
- Backpapier

Neben Zuckerwatte sind glasierte Äpfel auch heute noch Stars auf Jahrmärkten. Doch sind die roten Farbstoffe, die hier verwendet werden, ein nicht zu vernachlässigender Wermutstropfen. Wenn wir rote Äpfel wählen oder dem Zuckerguss etwas Kirschsirup hinzufügen, sind unsere Äpfel ebenso leuchtend rot wie ihre Kollegen vom Jahrmarkt. Je kürzer man die Äpfel im Zuckerguss schwenkt, desto feiner wird dieser.

VORBEREITEN DER ÄPFEL

Äpfel waschen, trocknen und aufspießen.

ZUBEREITEN DER ZUCKERGLASUR

Kirschsirup mit hellem Rohrzucker, Wasser und Honig mischen und auf 145 °C erhitzen. Inzwischen das Backblech mit Backpapier auslegen.

ÄPFEL GLASIEREN

Jeden Apfel kurz in die Zuckerglasur tauchen. Abtropfen lassen und auf das Backpapier legen. Vor dem Verzehr 10 Minuten abkühlen lassen. Die Äpfel sollten nicht länger als 2 Tage aufbewahrt werden.

ZUTATEN FÜR 8 GLASIERTE ÄPFEL

- 8 saftige Äpfel (Royal Gala)
- 50 g Kirschsirup
- 400 g heller Rohrzucker
- 100 ml Wasser
- 100 g milder Honig

HIMBEER-SCHNITTEN

MATERIAL
- 1 Sieb
- 1 Schaumlöffel
- 1 großer Kochtopf
- 1 Holzlöffel
- 1 rechteckige Kuchenform
- Backpapier

Zur Herstellung von Fruchtschnitten brauchen wir nicht unbedingt Agar-Agar, wie dies in immer mehr Rezepten angegeben ist. Halten wir uns lieber an die Kochkünste unserer Mütter und Großmütter! Fruchtmark wird durch die gemeinsame Wirkung von Zucker, Zitronensaft und vor allem Pektin fest. Diese Substanz ist in vielen Früchten (wie in Zitrusfrüchten, Äpfeln, Johannisbeeren usw.) enthalten und verdickt Obstmus ganz natürlich.

VORBEREITEN DES HIMBEERMARKS

Himbeeren kurz mit kaltem Wasser abspülen und gut abtropfen lassen. Durch ein Sieb drücken, um die Samen zu entfernen. Das Fruchtmark wiegen (etwa 900 g) und mit etwa einem Drittel Apfelsaft (300 g) mischen. Dieselbe Menge hellen Rohrzucker (etwa 1,2 kg) hinzufügen.

FRUCHTMARK KOCHEN

Nach Zusatz von Zitronensaft bei mittlerer Hitze in einem großen Kochtopf zum Kochen bringen. Den Schaum, der sich an der Oberfläche bildet, abschöpfen. Kochen, bis die Fruchtmasse dick wird und knistert, wenn man mit dem Holzlöffel über die Topfwand streicht.

FRUCHTSCHNITTEN TROCKNEN UND FORMEN

Form mit Backpapier auslegen und mit etwas dunklem Rohrzucker bestreuen, bevor das Fruchtmark daraufgegossen wird. Oberfläche glätten und ebenfalls leicht zuckern. 48 Stunden an einem warmen, gut gelüfteten Ort trocknen lassen. Auf Backpapier stürzen und in Würfel schneiden, diese im restlichen Zucker wälzen. Fruchtschnitten können 3 Wochen in einem luftdichten Behältnis aufbewahrt werden.

VARIANTEN

Statt Himbeeren können auch Aprikosen, Erdbeeren, Pfirsiche oder Pflaumen verwendet werden. Werden die Fruchtschnitten bald gegessen, können sie auch mit Agar-Agar zubereitet werden. In diesem Fall werden 500 g Fruchtmark mit 250 g Zucker (Rohr-, Fruchtzucker oder Melasse) und 4 g Agar-Agar 30 Sekunden gekocht.

ZUTATEN FÜR 30 HIMBEERSCHNITTEN

- 1 kg Himbeeren
- 300 g Apfel- oder Johannisbeersaft
- etwa 1,2 kg heller Rohrzucker
- Saft einer Zitrone
- 150 g dunkler Rohrzucker

KANDIERTE CLEMENTINEN

MATERIAL
- 1 Nadel
- 1 Kochtopf
- 1 Sieb
- 1 tiefer Teller
- 1 großes Einmachglas oder mehrere kleine Einmachgläser

Auf den ersten Blick sehen kandierte Clementinen aus wie Weihnachtskugeln. Sie können ganz gegessen oder in Stücke geschnitten werden, um Studentenfutter oder Schokolade herzustellen. Es gibt zahlreiche Mittel und Wege, sie noch weiter zu verfeinern. Kirschen, Aprikosen, Pfirsiche, Ananas oder Esskastanien können ebenso nach diesem Rezept kandiert werden.

VORBEREITEN DER CLEMENTINEN

Clementinen mit lauwarmem Wasser waschen und bürsten. 5- oder 6-mal mit einer Nadel anstechen. 1 Liter Wasser in einem großen Topf zum Kochen bringen und die Clementinen je nach Größe 10 bis 15 Minuten darin kochen. In einen zweiten Topf abschütten (das Kochwasser auffangen) und die Clementinen in einen tiefen Teller legen.

CLEMENTINEN KANDIEREN

500 g hellen Rohrzucker und Honig in das Kochwasser einrühren und kurz aufkochen. Gleich vom Herd nehmen und über die Clementinen schütten. Einen kleinen Teller auf die Clementinen legen, damit sie nicht an die Oberfläche steigen, den Teller mit den übergossenen Clementinen 48 Stunden im Dunkeln aufbewahren. Nach diesen 2 Tagen den Sirup abgießen, diesen mit weiteren 100 g Zucker in einem Topf aufkochen und wieder über die Clementinen schütten. Diesen Vorgang alle zwei Tage wiederholen, wobei jedes Mal 100 g Zucker beigegeben werden. Nach dem sechsten Mal (nach 12 Tagen) kommen die Clementinen in ein Einmachglas, in dem sie bis zu einem Jahr verschlossen aufbewahrt werden können.

ZUTATEN FÜR 700 G KANDIERTE CLEMENTINEN
- 500 g kleine Clementinen
- 1 l Wasser
- 1,1 kg heller Rohrzucker
- 150 g milder Honig (Akazienhonig)

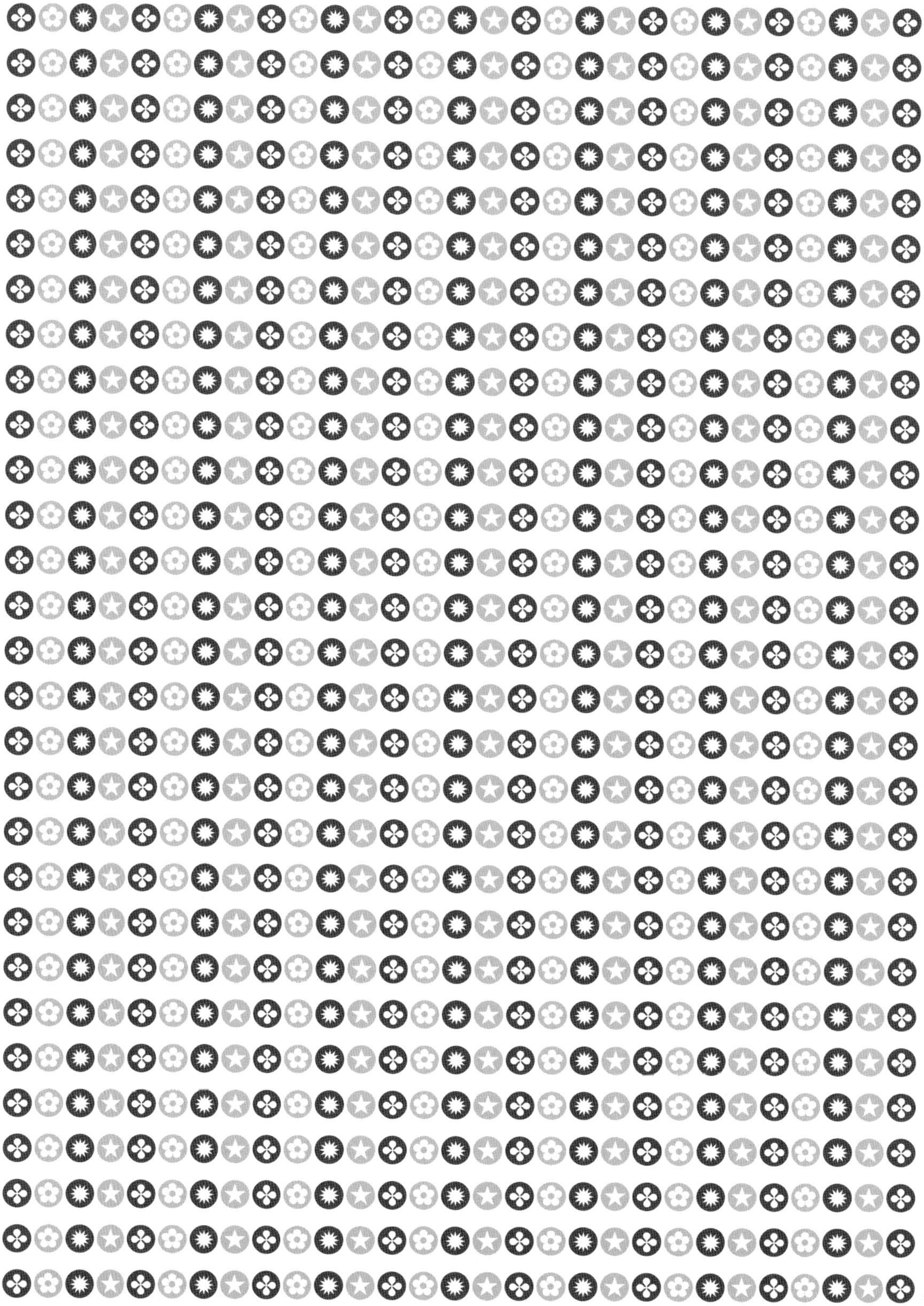

BONBONS AUS NÜSSEN & TROCKEN-FRÜCHTEN

WEISSER NOUGAT

MATERIAL
- 1 rechteckige Form
- Backpapier
- 1 Pfanne
- 1 Mixer
- 1 Kochtopf
- 1 Zuckerthermometer
- 1 scharfes Messer

Je nach Herstellungsart ist diese Leckerei hart oder weich und besteht aus Honig, Nüssen und Eiweiß. Das folgende Rezept beschreibt die Herstellung eines weichen halbfesten Nougats, der sich noch schneiden und ohne Zahnverlust beißen lässt. Sie können ganz nach Ihrem Geschmack Trockenobst, Blütenwasser oder natürliche Farbstoffe wie Matcha-Tee oder Rote-Rüben-Zucker hinzufügen.

VORBEREITEN DER FORM

Die Form mit Backpapier auslegen.

NÜSSE RÖSTEN

Mandeln und Haselnüsse 5 Minuten lang vorsichtig in einer Pfanne bei mittlerer Hitze anrösten. Pistazien hinzufügen und 2 Minuten mitrösten. Auf einem Teller abkühlen lassen.

VORBEREITEN DER NOUGATMASSE

Eiweiß mit einer Prise Salz schlagen. Dazu wird die Geschwindigkeit des Mixers langsam bis zum Maximum erhöht. Wenn der Schnee weiß wird, 20 g hellen Rohrzucker hinzufügen, damit er besonders steif wird. In der Zwischenzeit den restlichen Zucker, Honig und Wasser bei geringer Hitze langsam auf 143 °C erhitzen. Diesen Sirup langsam bei mittlerer Stufe in den Eischnee einrühren, um Spritzer zu vermeiden. Vanille-Extrakt erst im letzten Moment hinzufügen. Hat man keine Küchenmaschine zur Hand, ist es sinnvoll, sich beim Einrühren helfen zu lassen. Die Nougatmasse ist fertig, wenn ihr Volumen sich verdoppelt hat. Nüsse und Trockenobst werden ganz zum Schluss mit einer Spachtel behutsam in die fertige Masse eingerührt.

FORMEN DES NOUGATS

Der Nougat wird noch heiß in die Form gegossen. Die Form ein paar Mal auf den Tisch klopfen, damit die Luftblasen an die Oberfläche steigen. Abkühlen lassen und danach zwei Stunden in den Kühlschrank stellen. Den Nougat in Streifen oder Würfel schneiden.

TIPP

Um zu vermeiden, dass der Nougat an den Fingern klebt, können die Würfel auch mit Oblaten verkleidet werden.

ZUTATEN FÜR 500 G NOUGAT

- 80 g Mandeln
- 80 g Haselnüsse
- 50 g ungesalzene Pistazien
- 1 Eiweiß
- 1 Prise Salz
- 270 g heller Rohrzucker
- 150 g milder Honig
- 50 ml Wasser
- 1 Teelöffel Vanille-Extrakt

GEBRANNTE MANDELN

MATERIAL
- 1 großer Topf mit dickem Boden
- 1 Holzlöffel
- 1 Zuckerthermometer
- Backpapier

Steigt uns der betörende Duft gebrannter Mandeln in die Nase, so fühlen wir uns fast wie im Rummel eines Jahrmarkts. Die Zuckerschicht hält besser an Mandeln mit Schale (die außerdem voller Nährstoffe ist). In Papiertütchen sind diese Leckerbissen immer gut für eine Sensation.

VORBEREITEN DES SIRUPS

Mandeln, Wasser und hellen Rohrzucker mit einem Holzlöffel in einem Topf mischen und bei mittlerer Hitze auf 116 °C erwärmen.

ERSTE ZUCKERSCHICHT

Vom Feuer nehmen, weiterhin ständig umrühren, bis der Zucker an den Mandeln kristallisiert.

SCHMELZEN DES ZUCKERMANTELS

Weiter umrühren und wieder aufs Feuer stellen, bis sich eine Karamellschicht gebildet hat. Achtung: Rührt man nicht genug, verflüssigt sich die Karamellschicht und die Mandeln verlieren ihre raue Zuckerschicht.

ZWEITE ZUCKERSCHICHT

Unter stetem Umrühren den Topf abermals vom Feuer nehmen, um den Zucker erneut an den Mandeln kristallisieren zu lassen. Wie bei der ersten Schicht wieder aufs Feuer stellen und umrühren, bis sich die Karamellkruste gebildet hat.

ABKÜHLEN LASSEN

Die gebrannten Mandeln auf Backpapier leeren und voneinander trennen. Vor dem Genuss etwas abkühlen lassen. Sie können drei Wochen in Papiertüten aufbewahrt werden.

VARIANTEN

Statt Mandeln kann man auch Haselnüsse, Walnüsse und Pekannüsse verwenden. Diese anfangs mit einer Prise Salz abrösten.

ZUTATEN FÜR 200 G GEBRANNTE MANDELN (4 PAPIERTÜTEN)

- 150 g ganze, ungeschälte Mandeln
- 150 ml Wasser
- 150 g heller Rohrzucker

HASELNUSS-KROKANT

MATERIAL
- 1 Backblech
- 1 Messer
- 1 flache Pfanne
- Nudelholz

Die Herstellung dieser Süßigkeit aus Nüssen und Zucker ist zwar einfach, muss aber in der Verarbeitung zügig erfolgen.

VORBEREITUNG DER HASSELNÜSSE

Den Backofen auf 200 °C vorheizen, die Haselnüsse auf ein trockenes Backblech schütten, im Backofen etwa 10 Minuten lang rösten (die dünnen Schalen sollen sich von den Kernen lösen), die Schalen entfernen und die Nüsse fein hacken.

ZUCKER SCHMELZEN UND NÜSSE BEIFÜGEN

Die folgenden Arbeitsvorgänge müssen sehr rasch abgewickelt werden, damit die Masse nicht hart wird. In einer flachen Pfanne den Zucker auf kleiner Flamme hellbraun schmelzen lassen, danach die Nüsse beifügen, kurz durchrühren und dieses Gemisch rasch auf eine gut geölte Arbeitsfläche leeren, sofort mit einem geölten Nudelholz dünn ausrollen und mit einem geölten Messer in kleine Stücke schneiden, diese Stücke erkalten lassen.

ZUTATEN FÜR CA. 35 STÜCK
- 200 g Haselnüsse
- 200 g heller Rohrzucker
- Öl für die Arbeitsfläche

MARZIPAN-BÄLLCHEN

MATERIAL
- 1 Mixer
- 1 Topf
- 1 Zuckerthermometer

In einigen Marzipanrezepten wird Mandelpulver mit Eiweiß und Puderzucker gebunden. Diese Methode ermöglicht zwar eine rasche Herstellung, doch hält sich solches Marzipan nicht besonders lang. Deshalb ziehen wir das traditionelle Konditorei-Rezept mit gekochtem Zucker vor. Das Färben von Marzipan ist ein Kinderspiel.

VORBEREITEN DES MANDELPULVERS

Mandeln 15 Minuten im Ofen bei 170 °C rösten und dabei gelegentlich umrühren. Fein mahlen.

ZUCKER KOCHEN

Hellen Rohrzucker, Honig und Wasser in einem Topf auf 115 °C erhitzen, mit Zitronensaft abkühlen und vom Herd nehmen.

MARZIPANMASSE KNETEN

Gemahlene Mandeln mit flüssigem Zucker und etwas Bittermandelextrakt mischen. Die noch körnige Mandelmasse abkühlen lassen und dann 5 Minuten lang kneten. Dabei die Hände mehrmals befeuchten, um das Marzipan geschmeidiger zu machen.

MARZIPAN FÄRBEN

Marzipanmasse in mehrere Stücke zerteilen und diese mit verschiedenen natürlichen Farbstoffen verkneten, daraus Kugeln formen. In Küchenfolie hält solches Marzipan sich 2 Monate im Kühlschrank.

Tipp:

Als natürliche Farbstoffe eignen sich Matcha-Tee (grün), Curcuma (gelb), Rote-Rüben-Zucker (rosarot), Blaubeerzucker (violett), Tomatenpulver (orange) und Kakaopulver (braun).

ZUTATEN FÜR 500 g MARZIPAN
- 250 g Mandeln
- 450 g heller Rohrzucker
- 50 g Honig
- 100 ml Wasser
- 1 Teelöffel Zitronensaft
- 3 Tropfen Bittermandel-Extrakt
- natürliche Farbstoffe (siehe Seite 10)

CHINESISCHER NOUGAT

MATERIAL
- 1 kleine rechteckige Form
- Backpapier
- 1 Backpinsel
- 1 kleiner und 1 großer Kochtopf
- 1 Mixer
- 1 Zuckerthermometer
- 1 scharfes Messer

Die Kombination von Erdnüssen und Sesam ergibt einen sehr exquisiten Nougat. Für eine etwas elastischere Konsistenz wird etwas gekochtes Tapioka in den Karamell gemischt. Die heiße Nougatmasse muss sehr schell in die Form gegossen werden, da sie rasch hart wird. Sollten Sie nicht schnell genug sein, werden sich die Kinder freuen, die Reste aus Topf naschen zu können.

VORBEREITEN DER FORM

Form mit Backpapier auslegen. Das Papier mit dem Backpinsel mit Sesamöl bestreichen und mit einem Drittel des Sesams bestreuen.

HERSTELLEN DES TAPIOKAGELEES

200 ml Wasser mit dem Tapioka in einem kleinen Kochtopf unter ständigem Umrühren langsam zum Kochen bringen. Köcheln lassen, bis die Perlen durchsichtig werden. Pürieren, um ein homogenes Gelee zu erhalten. Zur Seite stellen.

ZUCKER KOCHEN

Dunklen Rohrzucker, Honig, Vanillezucker und die übrigen 50 ml Wasser in einem großen Topf langsam auf 150 °C erhitzen, mit Zitronensaft abkühlen und vom Herd nehmen. Zunächst den Tapiokapudding und dann die Erdnüsse energisch einrühren. Wieder auf 125 °C erhitzen und den Nougat möglichst schnell in die Form gießen.

RUHEN LASSEN

Etwas abkühlen lassen und mit dem zweiten Drittel Sesam bestreuen. Den völlig abgekühlten Nougat 1 Stunde in den Kühlschrank stellen.

IN STÜCKE SCHNEIDEN

Den Nougat aus der Form auf einen großen Bogen Backpapier stürzen. Mit einem geölten Messer in Würfel schneiden, diese in den restlichen Sesamkörnern wälzen. In Backpapier eingewickelt und luftdicht verschlossen hält dieser Nougat sich 3 Wochen lang.

ZUTATEN FÜR 500 G NOUGAT

- Sesamöl
- 100 g Sesamkörner
- 250 ml Wasser
- 3 Esslöffel Tapioka
- 400 g dunkler Rohrzucker
- 2 Esslöffel Honig
- 1 P. Vanillezucker
- 1 Esslöffel Zitronensaft
- 200 g ungesalzene Erdnüsse

TROCKENOBST-KETTEN

MATERIAL
- 4 Gummikordeln (30 cm lang)
- 1 Ledernadel

Haben Sie Lust auf etwas Näharbeit? Mit einer Gummikordel und einer starken Nadel können sie schnell diese Halsbänder zum Vernaschen herstellen. Natürlich ist das auch eine schöne Bastelarbeit für Kinder – unter Aufsicht natürlich, da man sich leicht dabei sticht. Das sonst manchmal von den Kleinen verschmähte Trockenobst wird so plötzlich attraktiv und ist im Handumdrehen verschwunden. Trockenfrüchte sind reich an Mineralstoffen, Zucker und stärken den Körper für alle Formen der körperlichen und geistigen Betätigung – auch in der Schule!

VORBEREITEN DER KORDEL

Jeweils ein Ende jeder Kordel mit einem Knoten versehen.

AUFFÄDELN DER TROCKENFRÜCHTE

Abwechselnd Rosinen und getrocknete Moos- oder Preiselbeeren aufspießen. Eine Aprikose in der Mitte auffädeln und mit demselben Wechsel von Rosinen und Preiselbeeren fertig stellen. Beide Enden miteinander verknoten. Die Ketten halten sich 3 Monate oder noch länger.

VARIANTEN

Auch hier sind Ihrer Fantasie keine Grenzen gesetzt. Es eignen sich alle Arten von Trockenobst: Getrocknete Kirschen, Mirabellen, Bananen, Feigen, Datteln oder Pflaumen.

ZUTATEN FÜR 4 KETTEN
- 100 g Rosinen
- 100 g getrocknete Moos- oder Preiselbeeren
- 4 getrocknete Aprikosen

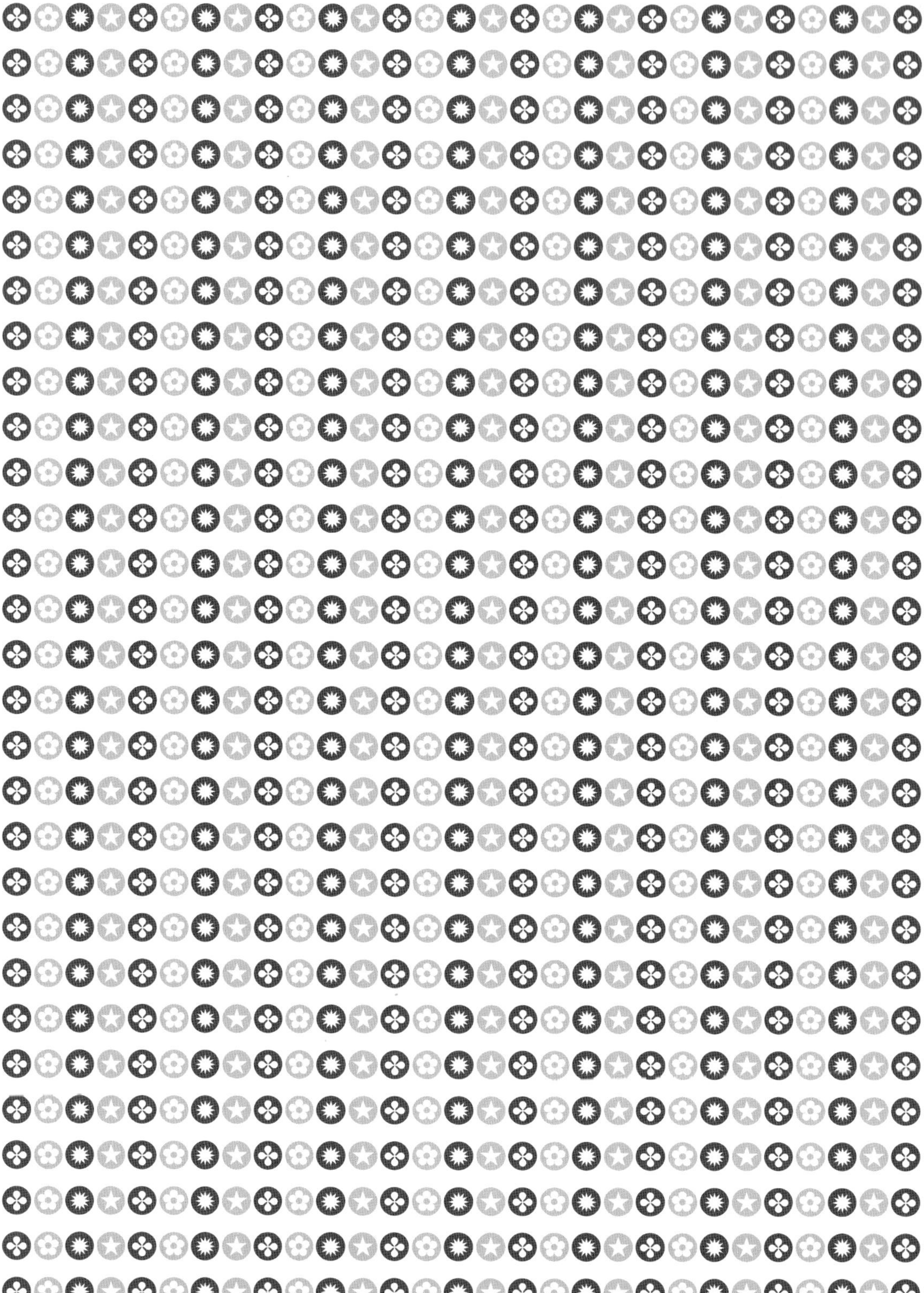

SCHOKOLADE-BONBONS

MAYA-SCHOKOLADE

MATERIAL
- 1 Messer
- 1 Kochtopf
- 1 Suppenschüssel
- 12 kleine Formen oder eine Eiswürfelform
- 12 kleine Löffel oder Holzspachteln

Es ist einfach schön, die gespannten Kindergesichter zu sehen, wenn man ihnen die Geschichte der Schokolade, der Mayas und ihrer goldenen Stadt erzählt. Die Mayas mahlten und mischten Kakaobohnen mit Wasser, um ein Schokoladegetränk zuzubereiten, das sie mit Cayennepfeffer, Weihnachtsbeeren (rosa Pfefferbeeren) oder Vanille würzten.

Diese Lutscher hier mit drei Schokoladeschichten werden mit Splittern von Parannüssen verziert und ebenfalls gewürzt.

VORBEREITEN DER VANILLE

Eine Vanilleschote der Länge nach in der Mitte zerschneiden. Das Mark mit der Messerspitze herausschaben.

PARANNÜSSE HACKEN

Parannüsse mit dem Messer zerstückeln (nicht mit der Küchenmaschine, diese würde die Nüsse zu fein mahlen).

SCHOKOLADE SCHMELZEN

Milchschokolade im Wasserbad erhitzen und mit jeweils einem Drittel der gehackten Parannüsse, des Cayennepfeffers, des gemahlenen rosa Pfeffers und des Vanillemarks mischen. Die flüssige Schokolade gleichmäßig in die kleinen Formen verteilen. Ebenso mit der weißen und der Bitterschokolade verfahren.

HERSTELLEN DER LUTSCHER

Nach 5 bis 10 Minuten einen kleinen Löffel oder eine Holzspachtel in die Form stecken und die Lutscher 30 Minuten in den Kühlschrank stellen, bevor sie einfach so oder aber in einem Glas heißer Milch serviert werden. Sie können 2 Wochen im Kühlschrank aufbewahrt werden.

ZUTATEN FÜR 12 LUTSCHER

- ½ Vanilleschote
- 50 g Parannüsse
- 150 g Milchschokolade
- 3 Prisen Cayennepfeffer
- 3 Prisen fein gemahlener rosa Pfeffer (Weihnachtsbeeren)
- 150 g weiße Schokolade
- 150 g Bitterschokolade

SCHNEEBÄLLE

MATERIAL
- 1 Kochtopf
- 1 Schüssel
- 1 Pfanne

Finden Sie nicht, dass diese leichten, weißen und flaumigen Bällchen aussehen wie Schneebälle? Auch der verwöhnteste Gaumen wird sich verzaubern lassen vom Kontrast der feinen Trüffelmischung aus weißer Schokolade, dem knackigen Haselnussherz und der süßlichen Kokoshülle.

VORBEREITEN DER TRÜFFELFÜLLUNG AUS WEISSER SCHOKOLADE

Weiße Schokolade und Sojacreme bei kleiner Hitze im Wasserbad erhitzen. Diese Füllung eine Stunde im Kühlschrank härten lassen.

HASELNÜSSE RÖSTEN

Haselnüsse 5 Minuten ohne Fett bei mittlerer Hitze rösten. Auf einem Teller abkühlen lassen.

SCHNEEBÄLLE FORMEN

Die Trüffelmischung aus dem Kühlschrank nehmen. Einen Löffel voll abstechen, eine Nuss in die Mitte der Trüffelmasse legen und diese rund um die Nuss zu einer Kugel formen und in Kokosflocken rollen. Auf diese Weise die ganze Mischung verarbeiten und vor dem Verkosten 1 Stunde im Kühlschrank abkühlen. Solche Schneebälle können 4 bis 5 Tage im Kühlschrank gelagert werden.

ZUTATEN FÜR ETWA 20 SCHNEEBÄLLE
- 200 g weiße Schokolade
- 50 ml Sojacreme
- 50 g ganze Haselnüsse
- 100 g Kokosflocken

KIRSCHPRALINEN

MATERIAL
- 1 Kochtopf
- 1 Schüssel
- 1 Pralinenform aus Silikon
- 1 Spachtel

Um schön glänzende Schokolade zu erhalten, sollte sie langsam bei niedriger Temperatur geschmolzen und nicht heißer als 55 °C werden, sonst wird sie matt und sieht nicht mehr schön aus. Aus diesem Grund ist die traditionelle Schmelzmethode im Wasserbad zu bevorzugen.

VORBEREITEN DER ERSTEN SCHOKOLADESCHICHT

Schokolade in Stücke brechen und bei niedriger Temperatur im Wasserbad schmelzen. In jede Mulde der Form einen Teelöffel flüssige Schokolade füllen. Die Form auf den Kopf stellen und die nicht erkaltete Schokolade wieder in den Topf zurückleeren. Die Form flach stellen und die Oberfläche mit der Spachtel abschaben. 10 Minuten in den Gefrierschrank stellen.

VORBEREITEN DER KIRSCHEN

Stiele und Kerne der in Alkohol eingelegten Kirschen entfernen, die Kirschen leicht ausdrücken, damit kein Schnaps ausrinnt (die untere Schicht Schokolade soll möglichst trocken bleiben).

VORBEREITEN DER ZWEITEN SCHOKOLADESCHICHT

Die Form aus der Gefriertruhe nehmen und in jede Mulde (je nach Größe) eine oder zwei (oder eineinhalb) Kirschen legen. Die restliche geschmolzene Schokolade darübergießen. Die überschüssige Schokolade wieder mit der Spachtel abschaben. 1 Stunde in den Kühlschrank stellen. Diese Pralinen halten sich 3 Wochen im Kühlschrank.

TIPPS

Die flüssige Schokolade während der gesamten Prozedur im heißen Wasserbad lassen. Sollte die erste Schokoladeschicht nicht gut verteilt sein, genügt es, sie mit dem Föhn zu erhitzen und die Form etwas zu schwenken. Sollten Sie über keine Schokoladenformen verfügen, können Sie die Schnapskirschen auch am Stiel in die heiße Schokolade tauchen.

ZUTATEN FÜR 20 KIRSCHPRALINEN

- 250 g Bitterschokolade
- 20–40 in Alkohol eingelegte Kirschen

PUFFGETREIDE-SCHOKOLADE

MATERIAL
- 1 Kochtopf
- 2 gläserne Suppenschüsseln
- 2 Schokoladenformen
- 1 Messer
- 1 Spachtel

Kinder lieben gepufftes Getreide (Erwachsene ebenso, ohne es sich vielleicht einzugestehen), und wenn man dieses selbst mit Schokolade verfeinert, ist es wesentlich schmackhafter als im herkömmlichen Handel erhältliche Produkte. Bei Schokolade von guter Qualität ist der Anteil an Kakaobutter größer als der des Zuckers.

VORBEREITEN DER ERSTEN MILCHSCHOKOLADESCHICHT

Schokolade in Stücke brechen und bei schwacher Hitze langsam im Wasserbad schmelzen. Die Hälfte der Schokolade in die Formen gießen, wobei darauf geachtet werden sollte, dass sie alle Ränder zwischen Stücken und Rippen bedeckt. 5 Minuten in den Gefrierschrank legen.

MIT WEISSER SCHOKOLADE UND GEPUFFTEM GETREIDE FÜLLEN

Weiße Schokolade in Stücke brechen und bei schwacher Hitze im Wasserbad schmelzen. Währenddessen das gepuffte Getreide klein hacken (nicht mit der Küchenmaschine, diese würde das gepuffte Getreide zu Pulver mahlen). Mit der flüssigen weißen Schokolade vermischen und gleichmäßig über die erste Schokoladeschicht verteilen. Wieder 5 Minuten in den Gefrierschrank legen.

ÜBERZIEHEN MIT DER LETZTEN SCHOKOLADESCHICHT

Die Schüssel mit der Milchschokolade wieder ins Wasserbad stellen, um sie wieder zu schmelzen. Die Formen aus dem Gefrierfach nehmen und mit der letzten Schokoladeschicht übergießen. Die Oberfläche mit einer Spachtel glätten und fest werden lassen. 10 Minuten vor dem Verzehr in den Kühlschrank legen. Die Schokolade kann 15 Tage im Kühlschrank aufbewahrt werden.

ZUTATEN FÜR 2 TAFELN SCHOKOLADE

- 200 g Milchschokolade
- 200 g weiße Schokolade
- 20 g gepufftes Getreide (Kamut, Weizen, Reis, Quinoa, Popcorn …)

Das große österreichische Tortenbuch

Klassiker wie Linzer-Torte, Dobos-Torte und Mohntorte sind ebenso vertreten wie einfache Torten aus Omas Rezeptbuch, zum Beispiel gestürzte Apfeltorte, Birnen-Nuss-Torte oder Topfen-Mohntorte.

Darüber hinaus finden sich Rezepte für Creme-Torten, Obsttorten und glacierte Torten, darunter auch ungewöhnliche Kreationen wie eine Apfelmus-Zwieback-Torte, einen Käferbohnen-Karamellcreme-Torte oder eine Kürbistorte mit geriebenen Mandeln.

Besondere Torten für Weihnachten, Ostern, Muttertag und Kindergeburtstag runden das Buch ab.

Jedes Rezept ist abgebildet, zum Teil auch in Schritt-für-Schritt-Fotos!

ISBN 978-3-7020-1357-8

DAS GROSSE ÖSTERREICHISCHE TORTENBUCH

ca. 160 Seiten, zahlreiche Farbabbildungen,

Großformat, 22 x 29,5 cm, Hardcover